# DISCOVRS PRONONCEZ A L'ACADEMIE FRANÇOISE

*Le* XII. *de Decembre* M. DC. LXXV.

A la reception de Monſieur Roſe, Conſeiller du Roy ordinaire en ſes Conſeils Secretaire du Cabinet de ſa Majeſté; & à celle de M. de Cordemoy, en la place de M. Conrart, & de M. de Baleſdens.

A PARIS,
Chez PIERRE LE PETIT, Imprimeur & Libr. ordinaire du Roy, & de l'Academie Françoiſe, ruë S. Iacques, à la Croix d'or.

M DC. LXXVI.
*AVEC PRIVILEGE DV ROY.*

# L'IMPRIMEVR AV LECTEVR.

AYANT *remarqué que les Discours qui se font à l'Academie Françoise, aux jours où elle s'assemble extraordinairement pour recevoir un Academicien, ou pour donner les Prix d'Eloquence & de Poësie, ou pour quelque autre sujet semblable, font naistre le desir d'en avoir des copies à tous ceux qui les entendent; j'ay cru que je ferois vne choſe agreable au public, ſi je luy preſentois vn Recueil de ce qui fut prononcé à la derniere aſſemblée qui ſe fit pour la reception de Monſieur Roſe* Conſeiller du Roy ordinaire *en ſes* Conſeils Secretaire *du* Cabi*net de ſa Majeſté, & à celle de M.* de Cordemoy; *& que l'on me ſçaura gré de continuer à l'avenir de mettre ſous la preſſe ce qui ſe paſſera en de pareilles Aſſemblées.*

*Le 12. de Decembre 1675. Meßieurs de l'Academie Françoise s'estant rendus au Louvre avec vn tres-grand nombre de gens de qualité & de merite que la curiosité y avoit attirez, Monsieur Rose que l'on recevoit à la place de M. Conrart, fit le Discours qui suit.*

ESSIEVRS,

Vos Loix ( que j'obserueray toute ma vie ) me feroient bien favorables, si elles obligeoient au ſilence les nouveaux Academiciens pendant les premieres années de leur reception en cette illuſtre Compagnie.

Ie pourrois par mon aſſiduité à vos doctes Conferences, eſperer d'acquerir vne partie des talens qui me manquent pour entreprendre de parler devant les Arbitres ſouverains du bien-dire, l'élite des plus rares Eſprits du ſiecle, conſommez dans les ſciences & en tout genre d'érudition.

Mais puis que l'autorité des meſmes Loix, ou la coûtume qui n'eſt pas moins forte, ne me permet pas de me taire en entrant comme Citoyen dans cette ſçavante Republique : Ie demande premierement à Dieu la grace de pouvoir reſiſter aux flateuſes attaques de l'amour propre dans l'eſtat ſurprenant où m'éleve la place dont vous m'honorez.

I'avoüe qu'à moins d'vn tel ſecours j'aurois peine à me reconnoiſtre, me trouvant ſi ſoudainement tranſporté en vn rang qui m'égale en quelque ſorte, * à ce qu'il y a de plus ſublime dans l'Egliſe, dans la Nobleſſe, dans la Cour meſme, & dans les plus celebres profeſſions de la vie civile.

Ie ſens que la modeſtie s'égare, quand je ſonge que mon nom vivra dans les meſmes faſtes où vous avez conſacré le nom immortel D'ARMAND DV PLESSIS DE RICHELIEV; Ce grand Cardinal qui ſous les auſpices d'vn Roy toûjours victorieux forma voſtre premier établiſſement de la meſme main

* Cardinaux, Ducs & Pairs, Miniſtres d'Eſtat, Maiſtres des Requeſtes, &c.

dont il venoit de relever les autels que l'heresie avoit abattus, & d'abattre les remparts que la rebellion avoit élevez.

* Digne Chancelier de France qui succedastes à ses tendresses pour le Corps dont j'ay l'honneur d'estre receu membre aujourd'huy, pardonnez-moy si je resserre en ce peu de paroles l'obligation que je contracte en cette nouvelle qualité de celebrer vostre memoire.

L'ordre des temps me sollicite de tourner les yeux vers vn objet qui s'empare de toutes les facultez de mon ame. ** Vn Monarque d'origine sans seconde à qui l'envie mesme n'ose conte-

* Pierre Seguier second Protecteur de l'Academie.

** Robert le Fort de qui le Roy descend en ligne masculine legitime, eut deux fils sacrez & couronnez Rois de France; Eudes en l'an 888. & Robert grand pere de Hugues Capet, en l'an 922.

ſter huit cens ans de Royauté transſmiſe du ciel à ſa perſonne ſacrée, par les ſeuls Mâles, d'vne ſeule race, tous legitimes ſans exception.

Vn Monarque, dis-je, formé par les graces, orné de toutes les vertus dignes d'vn Prince, couronné de mille lauriers cueillis de ſa propre main, & qui (pour ne point repeter icy tout ce que vous avez dit de luy ſi noblement dans vos ouvrages) a déja remply le monde d'vne ſi haute admiration de ſa valeur & de ſes lumieres, qu'on le voit à la fleur de ſon âge conduire à la guerre les plus grands Capitaines, & employer dans ſes conſeils les plus ſages Politiques, ſans que leur reputation puiſſe faire ombre à ſa gloire.

Enfin LOVIS XIV. noſtre Auguſte Protecteur, le meilleur de tous les Maiſtres, comme le premier de tous les Rois; qui m'ayant comblé de ſes bienfaits, autoriſe encore vos ſuffrages à m'adopter dans vne famille qu'il a comme adoptée luy-meſme, & pour arres de ſon amour paternel logée dans ſon propre Palais, aprés l'avoir receuë & traitée publiquement en Souveraine.

C'eſt icy, MESSIEVRS, je le confeſſe, que je ſuccomberois aux aſſauts de la préſomption; mais l'aſſiſtance que j'ay implorée au commencement de ce diſcours vient heureuſement me défendre.

Elle m'avertit que la bonté avec laquelle il plaiſt au Roy de de me ſouffrir auprés de luy, & peut-eſtre le genereux ſouvenir * qui vous reſte de quelque témoignage ſuperflu de ma bonne volonté, ont eu beaucoup plus de part que ma propre conſideration, au precieux don que vous me faites.

Elle me jette meſme dans vne confuſion qui n'eſt que trop juſte, d'occuper la place d'vn Illuſtre Mort, ** dont la perte vous ſera tous les jours plus ſenſible par la comparaiſon de mes defauts & de ſes excellentes qualitez.

Mais ſi vne paſſion extrême pour la gloire du nom de ſa Majeſté, vn ardent amour pour

* I'eus le bonheur d'eſtre employé par l'Academie auprés du Roy en l'an 1667. afin qu'il pluſt à ſa Majeſté de l'admettre à luy rendre ſes reſpects en corps, comme les autres Compagnies Souveraines au retour de ſes Campagnes, & dans les occaſions ſolemnelles. Ce qui luy fut accordé.

** Monſieur Conrart ancien Academicien de la premiere Inſtitution, Secret ire perpetuel de l'Academie, d'vn tres-rare merite.

les lettres, vn zele tout particulier pour la perfection de nostre Langue, vn respect inviolable pour toute la Compagnie, & vne eternelle reconnoissance de la faveur de vos suffrages, peuvent tenir lieu de merite: j'espere, MESSIEVRS, que vostre choix ne vous fera jamais rougir.

FIN.

*Monsieur Rose ayant achevé son Discours, Monsieur de Cordemoy que l'on recevoit à la place de M. de Balesdens fit, ensuite celuy-cy.*

MESSIEVRS,

C'est vne espece de merite dans le public, que d'estre d'vne Compagnie où tout le monde a du merite ; & je dois regarder comme vn grand honneur, celuy que j'ay d'estre parmy tant de personnes illustres. Mais quand je pense qu'il faut leur ressembler pour estre digne de cet honneur, je sens en moy toute la peine qu'vn homme à qui il reste vn peu de raiſon & de bonne foy, peut reſſentir, quand il ſe trouve dans vne place qu'il ne merite pas.

L'Academie ne trouve rien en moy de ce qu'elle vient de perdre ; & toutes les fois qu'elle perdra quelques-vns de ceux qui l'ont fondée, elle doit gemir: car il eſt bien difficile de trouver des hommes, qui ayent auſſi avantageuſement, que ceux-là, toutes les qualitez propres à vos exercices.

Le commun des hommes ne s'applique pas autant qu'il le faut à toutes les choſes, qui en peuvent rendre capable. Eſtudier ſcrupuleuſement juſques aux moindres particules d'vne langue ; en examiner ſoigneuſement tous les mots ;[1] & rechercher exactement leur ſignification dans le ſens propre ou dans le figuré. Tout ce détail eſt trop penible & ne leur paroiſt pas avoir vne aſſez belle fin pour s'y devoir attacher.

Cependant, MESSIEVRS, peut-on ſans deſcendre à tout ce détail, devenir ce que vous eſtes ; grands Orateurs, grands Poëtes, grands Hiſtoriens? Peut-on ſans ce travail mettre vne Langue en eſtat de conſerver à la poſterité tout ce qui eſt digne de memoire? & vne nation comme la noſtre n'eſt-elle pas à plaindre, quand pour apprendre à ceux qui naiſſent d'elle les grandes actions de leurs peres, elle eſt obligée d'emprunter la Langue d'vne autre nation, & d'vne nation qu'elle a ſoumiſe par les armes?

On a veu les François quatre cens ans aprés l'établiſſement de la Monarchie ſe rendre maiſtres de l'Occident, maintenant encore ce n'eſt que ſous leur nom que tous les Peuples de cette partie du monde ſont connus à ceux de l'Orient, & ils ne peuvent avoir acquis cette grande reputation, que par vn grand nombre d'actions fort memorables ; cependant que nous en reſte-t-il? Quelques-vnes à la verité ſe ſont ſauvées de l'oubly parce qu'elles ont eſté recueillies en mauvais latin : Mais que pouvoient exprimer nos premiers Auteurs dans vne langue qu'ils entendoient à peine ? Et que n'auroient-ils point dit des François s'ils euſſent eu dés lors vne langue aſſez épurée, & aſſez abondante pour faire bien entendre tout ce qu'ils en ſçavoient ?

Charlemagne qui fut ſans contredit le plus grand Capitaine, le plus ſage Prince, & l'vn des plus ſçavans hommes de ſon temps, avoit ſi bien reconnu ce défaut, qu'aprés avoir fait recueillir tout ce que l'on avoit écrit des François, juſques alors, il commença luy-meſme vne Grammaire de leur langue, & ce fut apparemment vn des ſujets qui l'obligerent à former dans ſon Palais meſme cette belle Academie, où toutes les perſonnes de ſa Cour, en qui il remarqua de la politeſſe & de l'amour pour les belles lettres, furent appellées.

Ce Prince ſçavoit ſans doute tous les chemins qui menent à la gloire, & quand on conſiderera qu'il entreprit ce travail dans vn temps où il avoit trois guerres à soûtenir; comme celle des Normands qu'il chassa des bords de la mer Baltique ; celle des Sarasins qu'il chassa au delà de l'Ebre; & celle des Grecs qui luy demanderent enfin la paix pour l'empescher d'estendre ses conquestes au delà des deux Pannonies; On verra qu'il jugeoit bien important pour la gloire des François, de mettre leur langue en estat de servir à conserver la memoire de leurs actions.

La mesme raison poussoit sans doute feu Monsieur le Cardinal de Richelieu, lors qu'il engagea Loüis XIII. à accorder les Lettres qui servirent à l'établissement de cette Academie. Il regarda cet établissement comme vne affaire bien plus serieuse que ne pensoient quelques personnes qui avoient de moindres veuës.

que ce grand Ministre. Ils estoient indignez de voir qu'il pensast à ériger vne Academie pour la Langue Françoise, dans vn temps où la France leur paroissoit exposée aux plus grands maux qu'elle eust jamais ressentis : ils voyoient toute l'Europe en armes ; ils sçavoient que feu Monsieur le Cardinal de Richelieu avoit excité la tempeste, & ne penetrant pas la profondeur de ses conseils, ils jugeoient qu'il ne s'estoit declaré comme il avoit fait contre l'heresie, que par ambition, & ne croyoient pas, lors qu'il faisoit tant d'efforts pour abattre vne Maison, qui n'a jamais veu sans jalousie l'éclat de la Maison de France, qu'il eust d'autres desseins que d'abattre ceux qui s'opposoient à sa propre élevation. Voilà ce qu'ils penſoient : Mais qu'ont-ils veu ? La France plus glorieuſe par cette guerre, & plus floriſſante que jamais : l'orgueil de ceux qui la vouloient opprimer domté : l'hereſie abattuë ; & ce Grand homme dont la conduite n'eſtoit déja que trop juſtifiée par tant de ſuccés, declarer en mourant qu'il n'avoit point d'autres ennemis que ceux de la Religion & de l'Eſtat.

Il ſçavoit qu'en conſeillant cette guerre, il ouvroit au Roy ſon Maiſtre le plus beau chemin par où ce Prince puſt aller à la gloire ; & voyant qu'elle donneroit occaſion à mille actions éclatantes qui auroient beſoin d'excellens Ecrivains, il crut devoir également s'appliquer à ce qui devoit ſervir de matiere à tant de triomphes, & à ce qui en devoit rendre le ſouvenir eternel.

Voilà pourquoy, MESSIEVRS, dans le temps qu'il méditoit ces hautes entrepriſes, il conſultoit ſi ſoigneuſement l'Academie ſur tous les moyens de rendre la Langue plus pure & plus abondante. Quelle gloire à ceux qui ont commencé ce bel ouvrage avec luy! que ne doit-on pas à leurs veilles?

Mais, MESSIEVRS, ſi ceux qui vous ont precedez ont eu de la gloire, vne gloire beaucoup au deſſus de la leur vous eſt reſervée. Ils ont commencé à former noſtre Langue ſous la protection d'vn grand Miniſtre: vous la rendrez parfaite, j'oſe dire plus, vous la fixerez ſous la protection du plus grand Roy que le monde ait jamais veu. Ce qu'on a tenté vainement ſous le regne de Charlemagne, s'achevera glorieusement sous le regne de Loüis XIV. Il n'y a rien dont vous ne puissiez venir à bout puis qu'il est vostre Protecteur : jamais il ne porte vn Titre vainement. Vous sçavez, MESSIEVS, ce qu'il fait chaque jour pour satisfaire à ce qu'exigent de luy ces grands Titres de Legislateur, de Capitaine, de Pere du peuple, & tant d'autres noms que renferme le seul nom de Roy ; vous sçavez avec quelle application il en remplit tous les devoirs ; vous sçavez enfin que c'est ce qui fait voir de nos jours l'accomplissement de toutes les choses que ses illustres predecesseurs n'osoient pas mesme souhaiter, parce qu'ils ne les croyoient pas possibles.

Et sans faire l'enumeration de tant de merveilles, ce qu'il a fait pour empeſcher les duels ſuffira pour convaincre tous les âges que rien ne luy eſt impoſſible. Vne de ſes paroles plus forte que cent Edits a rompu ce charme qui ſeduiſoit les eſprits depuis plus de douze cens ans, & l'exactitude avec laquelle on a obeï à cette parole depuis qu'elle a eſté prononcée, marque aſſez que l'effet en doit durer autant que la Monarchie.

C'eſt le deſtin de tout ce qu'il fait, & de tout ce qu'on fait ſous ſon autorité. Ainſi, MESSIEVRS, travaillez avec cette aſſurance, que tout ce que vous ferez durera. Il a toûjours les yeux ſur vous, ſon Palais eſt le lieu de vos exercices, & vous avez parmy vous les perſonnes qu'il employe aux plus importantes affaires de ſon Eſtat. Travaillant ainſi vous travaillez pour l'éternité, & vos excellens ouvrages seront pour tous les temps des regles certaines de la maniere dont on devra parler.

Sur tout ce dictionnaire où vous definissez si bien chaque mot, & où vous distinguez si bien les differentes façons de s'en servir. Vous faites, MESSIEVRS, en marquant avec tant de soin les mots & les frases qui sont du bon vsage; ce qu'ont fait ceux qui ont redigé les coustumes de France: depuis qu'elles l'ont esté par des personnes qu'on en a estimé capables, & qu'on a veu autorisées par les Rois, elles n'ont plus changé. Il en sera de mesme de ce riche & precieux recueil que vous faites de toutes les façons de parler. On retiendra pour toûjours celles que vous aurez approuvées;

on

on comptera pour faute tout ce qui ne ſe rapportera pas aux regles, que vous aurez preſcrites; & comme vous les prenez toutes de l'vſage, il demeurera toûjours le maiſtre de la Langue : mais comme vous n'autoriſez que ce qu'il a de bon, il ceſſera d'en eſtre le tyran, & noſtre Langue ne ſera plus ſujette à ſes caprices. Ouy, MESSIEVRS, ce que vous écrivez preſentement, & que noſtre âge admire, ſera bien écrit dans mille ans : ceux qui parleront bien alors parleront comme vous parlez, & il n'en ſera pas de noſtre langue comme de celle des Romains. La France n'eſt pas ſujette aux maux qui ont expoſé l'Empire à tant de changemens; & qui l'ont fait le partage de tant de nations ſi differentes de

Langage auſſi-bien que de mœurs. Ce qui a fait ſubſiſter cet Eſtat depuis treize ſiecles, ſemble l'aſſurer qu'il n'aura point d'autre fin que celle du monde, & noſtre Langue aura ſans doute la meſme durée.

Ce ſera, MESSIEVRS, l'effet de vos travaux, & ſur tout de ceux que vous conſacrerez à la gloire de voſtre illuſtre Protecteur. Sa vie eſtant le plus beau modelle qu'on puiſſe propoſer aux Rois, ſes deſcendans reſpecteront tous les ouvrages où vous l'aurez dépeint. Ie ſçay bien que la peinture que vous en ferez ne pourra pas avoir toute la perfection ny tout l'éclat de ſon original. Mais comme vous ſçavez parfaitement l'art, elle aura du moins des traits, qui ſeront aſſez bien marquez, pour le faire reconnoiſtre à ceux de noſtre temps, & pour le faire admirer aux ſiecles avenir.

Il ſoûmet les Provinces en moins de temps qu'il n'en faut pour les parcourir; Les plus rudes hyvers ne l'empeſchent pas d'executer les plus dangereux projets. Voilà dequoy le ſignaler entre les Conquerans. Mais il rend la Franche-Comté, pour ne pas manquer à vne parole dont tout autre n'auroit pas creu ſeulement ſe devoir ſouvenir; Il s'arreſte au milieu de la Flandre dont ſes victoires luy ont ouvert la conqueſte, & il ſe contente d'y prendre ce qu'on luy refuſe injuſtement: c'eſt de quoy le diſtinguer de tous les autres Conquerans. Car la juſtice & la fidelité ſont des vertus qu'ils ne connoiſſent pas. Enfin, MES-

SIEVRS, la posterité le pourra connoistre par le caractere qui luy est le plus propre, lors qu'el- apprendra par vos écrits que ce Prince si retenu dans ses propres interests, ne peut estre arresté par quoy que ce soit quand des interests aussi precieux que ceux de la Religion ou de l'honneur le pressent. Le Rhin tout bordé d'escadrons ennemis ne peut faire le moindre obstacle à sa marche. Tous les canaux dont la Hollande est coupée ; ce grand nombre de places dont la plus- part ont autrefois soûtenu des sieges de plusieurs années, l'arrestent à peine quelques mois : Et quand les ennemis qu'il pousse de la sorte, soûlevent contre luy toutes les testes couronnées, c'est alors qu'il paroist tout ce qu'il est, capable non seulement de resister à tout, mais de vaincre tout. En trois Campagnes il prend trois Provinces, commençant toûjours par des sieges pour obliger tant de Princes vnis à vne bataille. Mais il a beau la souhaiter, c'est vn plaisir qu'apparemment il n'aura jamais. On peut l'attendre derriere des remparts à condition de se rendre bien-tost. Mais on n'ose l'attendre en campagne. Heureux les peuples que sa conduite rend si fortunez, si de semblables occasions manquent toûjours à sa valeur! Il est beau de faire en cette occasion des souhaits contraires aux siens; & puissent tous ses ennemis perir avant que leur temerité expose sa personne sacrée à vne épreuve, qui pourroit estre si funeste à tout le monde.

Mais où m'emporte mon zele?

I'oublie que je ne dois maintenant parler de ce Heros que comme estant la plus riche matiere que vous puissiez donner à vos écrits & la plus capable de les faire durer. Tous ses desseins sont justes, tous les succés en sont glorieux, & vous ne trouverez rien dans ses actions ny dans sa personne qui ne soit admirable. Mais entre tant de grandes choses qu'on peut dire de luy, il en a vne, MESSIEVRS, dont vous estes juges par vn droit particulier. Ce Prince qui fait si bien parler de luy, parle mieux que personne du monde ; il pourroit presider en ce lieu avec autant de succés qu'il preside à tant de conseils qu'il tient tous les jours pour procurer de nouveaux biens à la France, ou pour assurer ceux dont elle luy est déja redevable :

jamais homme de quelque profeſſion qu'il puiſſe eſtre & de quelque maniere qu'il ait eſté élevé, n'aura ſi avantageuſement que luy toutes les qualitez qu'il faut avoir pour eſtre Protecteur d'vne Academie d'Eloquence. Et certainement, MESSIEVRS, deux choſes doivent faire envier voſtre bonheur à toutes les ſocietez que le deſir d'avancer les ſciences ou les belles lettres à formées. L'vne eſt que ce Prince en ſe qualifiant voſtre Protecteur, a fait que ce titre ne peut plus convenir qu'à des Rois.

L'autre eſt, qu'il fait marcher Monſeigneur le Dauphin par des voyes, qui en le menant aux plus ſolides ſciences, luy font découvrir ce qu'il y a de plus agreable dans les belles lettres, & de plus beau dans les Langues : il cultive ſur tout celle que vous cultivez avec tant de ſuccés, il en connoiſt la force, il en ſçait les delicateſſes, & il s'en ſert déja pour compoſer l'hiſtoire de ſes illuſtres Ayeuls.

Enfin, MESSIEVRS, il connoiſt déja le merite de vos ouvrages, il ſçait l'vtilité de vos Aſſemblées, & il regarde tellement les places de l'Academie comme des places d'honneur, que quand il apprit la grace que vous m'aviez faite, il dit qu'il avoit bien de la joye que vous en euſſiez rempli quatre en ſi peu de temps de quatre perſonnes de ſa Maiſon. Ie ſens bien que comme mon plus grand merite devant vous eſt d'avoir eu le bon- heur d'eſtre appellé auprés de luy; ce ſera doreſnavant mon plus grand merite devant luy, que l'avantage que j'auray d'estre parmy vous. Ainſi, MESSIEVRS, je ne puis vous remercier aſſez d'vn ſi grand bien, mais je puis vous aſſurer que jamais voſtre illuſtre Compagnie n'a fait part de ſes honneurs à perſonne, qui ait plus de veneration pour elle, & plus de ſoûmiſſion à ſes ordres que j'en auray toute ma vie.

FIN.

*Aprés que M. Rose, & M. de Cordemoy eurent parlé, M. l'Abbé Regnier Directeur de l'Academie leur répondit en cette sorte au nom de la Compagnie.*

MESSIEVRS,

La perte de ceux à qui vous succedez aujourd'huy est vne des plus grandes & des plus sensibles que l'Academie ait jamais faites. Car pour parler premierement de celuy qu'elle a perdu le premier, elle possedoit en luy vn homme d'vn merite extraordinaire, que non seulement elle regardoit comme vn parfait Academicien, mais qu'elle consideroit comme vn de ses principaux Fondateurs; vn homme chez qui elle avoit commencé à voir le jour, entre les bras & dans la maiſon duquel elle avoit eſté élevée, & à qui par conſequent elle eſtoit en partie redevable de tous les avantages dont ſon établiſſement a eſté ſuivy.

Il eſt vray que comme l'eſtat où il eſtoit reduit depuis longtemps ne luy permettoit gueres d'aſſiſter à nos Aſſemblées, nous eſtions privez par-là du fruit que nous euſſions pû y recevoir par ſa preſence ; mais ce que nous perdions de cette ſorte ne le pouvions-nous pas retrouver tous les jours chez-luy avec vſure ? C'eſt là que ſe communiquant à tout le monde malgré la violence & l'opiniaſtreté de ſes maux, il ſe concilioit l'eſtime & l'amitié de tout le monde par la douceur de ſes mœurs & de ſa converſation : Et c'eſt delà que chacun de nous pouvoit rapporter ; non ſeulement de curieuſes remarques ſur les doutes de la Langue, & de judicieux avis ſur l'exactitude & ſur la pureté du ſtyle, mais de ſolides conſeils ſur les differentes rencontres de la vie, de grands exemples de probité, de ſageſſe, & de diſcretion, & de continuelles leçons de conſtance, & de fermeté.

Que ſi quelquefois ſes douleurs luy donnoient aſſez de relaſche pour luy laiſſer la liberté de venir à nos Conferences, quelle joye eſtoit la noſtre de l'y voir prendre ſa place, & quel empreſſement n'avions-nous point à luy en donner des marques ! Vous vous en ſouvenez tous, MESSIEVRS ; mais vous ne vous en ſouvenez ſans doute qu'avec vn ſenſible déplaiſir ; ſi vous ſongez que nous ne pouvons plus eſperer de l'y revoir, & que nous l'avons perdu pour toûjours.

Lors que nous avions le plus de beſoin de conſolation dans vne ſi grande perte, elle a eſté ſuivie d'vne autre qui nous a rejettez dans vne nouvelle affliction. Ie devois peut-eſtre, MESSEVRS, paſſer plus legerement ſur la premiere ; & éviter de rappeller dans voſtre eſprit tous les ſujets que vous avez de la regretter. Que ſert-il de le diſſimuler ? Les lettres qui élevent au deſſus du commun des hommes ceux qui les cultivent comme vous, n'empeſchent pas que dans les choſes qui vous touchent ſenſiblement, on ne doive vous ménager comme le commun des hommes, épargner en vous comme en eux la foibleſſe de la nature, & vous détourner les yeux de tout ce qui peut nourrir voſtre douleur.

C'eſt pourquoy je me garderay bien de vous rien dire de cette ſeconde perte; & que ne puis-je meſme vous oſter en quelque ſorte le ſouvenir de l'vne, & de l'autre! Mais non ce n'eſt pas à moy à taſcher de vous les faire oublier; c'eſt à ceux que vous avez choiſis pour les reparer, & qui ont déja ſi bien répondu à voſtre choix par la politeſſe, & par l'éloquence de leurs diſcours.

C'eſt donc à vous que je m'adreſſe, MESSIEVRS, c'eſt à vous de faire en ſorte, que quelque grandes que ſoient nos pertes, nous ne nous appercevions pas d'avoir rien perdu; & que ne pouvons-nous point nous promettre de tant de qualitez academiques que vous possedez l'vn & l'autre? Vous avez joint à cela l'vsage, & l'experience du monde, sans quoy l'esprit non plus qu'vn arbre planté à vne mauvaise exposition ne peut produire que des fruits de mauvais goust; & c'est sur toutes ces choses ensemble que l'Academie fonde à bon droit l'esperance de sa consolation.

Ie pourrois m'étendre davantage sur les sujets qu'elle en a: Ie pourrois parler de ces lettres si belles & si pures où le Prince du monde qui pense, & qui s'exprime le mieux, trouve toûjours ses pensées si bien prises, & si heureusement exprimées. Ie pourrois parler de ces traitez de Physique où l'on apprend si bien à se connoistre

connoiſtre ſoy-meſme, & à connoiſtre les autres; & où l'on trouve toûjours tant de force pour le raiſonnement; tant de pureté pour le ſtyle, & tant d'ordre, & de clarté pour la methode.

Que ne pourrois-je point dire enfin des divers talens que vous avez tous deux fait paroiſtre avec tant de ſuccés; l'vn dans le travail des grandes affaires, & dans le commerce difficile de la Cour; l'autre dans la juſte défenſe des particuliers, & dans les actions éclatantes du barreau. Mais à preſent que vous ne faites qu'vn meſme corps avec nous, je craindrois qu'il ne paruſt au public que ce fuſt nous loüer nous-meſmes que de loüer nos confreres; & qu'ainſi quelque juſtes que fuſſent les loüanges que je vous donnerois, elles ne fussent soupçonnées de vanité & d'ambition de nostre part.

Quoy qu'il en soit, vous remplirez sans doute, MESSIEVRS, l'attente de l'Academie. Vous allez participer à ses fonctions, & vous avez tout ce qu'il faut, pour vous en bien acquitter: Vous participez dés à present à sa reputation & à sa gloire, & vous avez dequoy la bien soûtenir. Il n'y a qu'vne seule chose qu'elle ne se peut promettre de vous, qu'elle ne se peut promettre d'elle-mesme, & qu'elle regarde cependant comme la principale & la plus essentielle de ses obligations.

C'est de répondre à tant de graces dont la bonté du Roy l'a comblée, & d'y répondre comme le merite la grandeur de ses bienfaits. Car à quoy ne nous engagent point ces liberalitez continuelles qu'il répand ſur nous & en general, & en particulier; cet aſyle glorieux qu'il nous donne dans le plus ſuperbe Palais du monde; cette protection auguſte qui nous diſtingue de tout le reſte de ſes ſujets? Et par quels effets de noſtre zele pouvons-nous jamais aſſez reconnoiſtre ces marques de ſa bienveillance, & de ſon eſtime?

Nous pouvons à la verité faire des portraits de luy, qui ſoient l'étonnement, & l'inſtruction de tous les ſiecles, & de tous les Princes. Nous pouvons le dépeindre ſage, vaillant, liberal, & juſte; magnifique dans les dépenſes de la Paix, formidable dans les appareils de la Guerre, élevé dans ſes projets, impenetrable dans ſes deſſeins, ardent,

& infatigable dans l'execution de ſes entrepriſes, intrepide dans les hazards, doux & humain dans la victoire, & toûjours plus grand en toutes choſes que ſa fortune & que ſa couronne.

Mais quelque beaux que puiſſent eſtre les portaits que nous ferons d'vn ſi grand Prince, de combien ſeront-ils encore au deſſous de l'excellence de l'original; & combien s'en faudra-t-il qu'ils ne ſoient aſſez noblement touchez pour luy reſſembler parfaitement? Cette ſageſſe profonde avec laquelle il gouverne; cet eſprit d'équité qui eſt toûjours le principe, & la regle de toutes ſes actions; cette hauteur d'ame, qui l'éleve au deſſus de toutes choſes; cette ſuperiorité de genie, qui luy donne vn empire naturel ſur tout ce qui l'approche, tout cela ne ſurpaſſe-t-il pas infiniment toutes les peintures que nous en pourrons jamais faire ?

Que l'impoſſibilité d'y reüſſir ne nous rebute pas toutefois : ſi nous ne pouvons pas le repreſenter auſſi grand qu'il eſt, & que nous le concevons, nous pouvons du moins en donner vne idée ſi noble & ſi haute, qu'il n'y ait rien d'aſſez grand dans toute l'hiſtoire, pour luy pouvoir eſtre comparé : Et ſi cela eſt, que tardons-nous davantage à nous aſſurer par ce moyen cette immortalité où nous aſpirons ?

Car s'il eſt vray que nous enviſagions l'avenir comme vn temps où nous prétendions quelque droit par nos écrits, quelle eſtime croyons-nous que la poſterité doive faire de ceux où elle verra vne peinture noble & vive de ce grand Prince ; avec quelle ardeur, avec quel empressement ne les recherchera-t-elle point ; & quelle gloire par consequent ne pouvons-nous point nous promettre?

Ce ne seront point seulement alors quelques gens oisifs qu'vne curiosité vague, ou la seule avidité de sçavoir portera à lire nos ouvrages. Les plus grands Rois, & les plus grands Princes les auront continuellement devant les yeux pour y apprendre par son exemple, à gouverner par eux-mesmes, à reprimer la licence, à rendre la vigueur & la majesté aux Loix, à proteger la sainteté des Autels, à faire fleurir les Arts & les Lettres, à rétablir la discipline dans les armées, à recompenser, à punir, à maintenir tous les ordres de l'Estat dans les bornes du devoir, à se renfermer toûjours eux-mesmes dans celles de la raison : & ce qui est d'vne si gande importance pour le salut des Empires, à se choisir des Ministres d'vn zele ardent, d'vn courage inébranlable, d'vn tranvail sans relasche, & d'vne capacité sans bornes.

Vous, MONSIEVR, par qui ce grand Roy s'explique si souvent aux Rois, & aux Princes, & qui avez le bonheur de l'approcher de si prés, appliquez-vous à le faire connoistre aux autres, comme vous le connoissez vous-mesme. Songez que vous devez rendre conte à la posterité des moindres choses que vous aurez remarquées en luy, & que vous n'en sçauriez laisser échaper aucune, sans dérober aux hommes quelque exemple de douceur, de bonté, de modeſtie, ou de quelque autre vertu de la vie privée.

Et vous, MONSIEVR, qui travaillez pour le jeune Prince à l'hiſtoire de la plus auguſte Monarchie du monde, haſtez-vous d'achever voſtre travail. Quelques grandes actions & quelques grands évenemens que vous fourniſſent les Clovis, les Clotaires, les Charles, les Philippes, les Loüis, les François & les Henris, paſſez rapidement ſur tant de Regnes pour venir à celuy d'vn Roy qui réünit en luy ſeul tout ce que ſes predeceſſeurs ont de plus grand. Quelle matiere pour vn Hiſtorien que le regne du grand Loüis, & quel modele pour le Fils que les vertus & la conduite du Pere!

FIN.

www.ingramcontent.com/pod-product-compliance
Ingram Content Group UK Ltd.
Pitfield, Milton Keynes, MK11 3LW, UK
UKHW012110240726
13965UKWH00004B/1687